ODÉON LIVRE

BY ETHAN SAFRON OF
OUI LOVE BOOKS

ANIMALS
in
FRENCH and
ENGLISH

LES ANIMAUX

en

FRANÇAIS
et en
ANGLAIS

CHICAGO
★ ★ ★ ★
2019

Written and designed by Ethan Safron
Edited by Joseph Feinberg

Illustrations credits:
Nadzin (Adobe Stock)
Freepik
Piet Mondrian

Published by Odéon Livre
Chicago, IL
2020

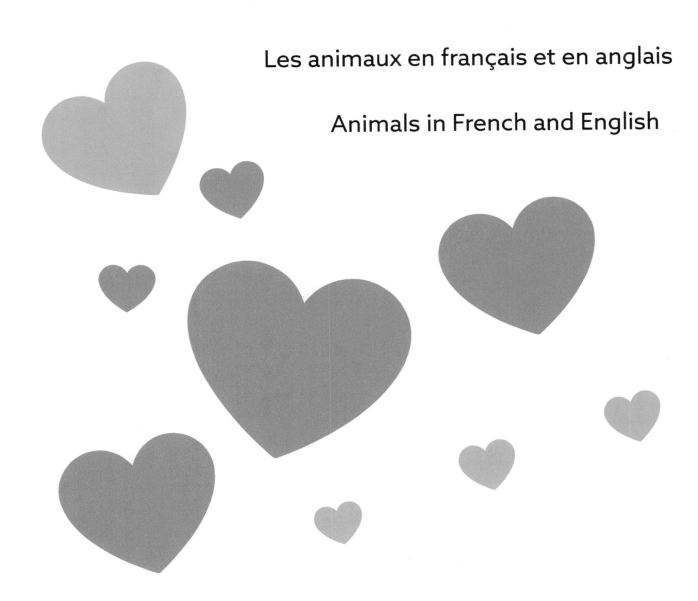

Les animaux en français et en anglais

Animals in French and English

OUI ♥ LOVE ♥ BOOKS

OCEAN

la tortue marine

sea turtle

la baleine

whale

le poisson

fish

L'OCÉAN

la pieuvre

octopus

le lamantin

manatee

le requin-marteau

hammerhead shark

OCEAN FLOOR

le requin

shark

le poisson-globe

pufferfish

l'hippocampe

seahorse

LE FOND MARIN

la raie

le chirurgien bleu

blue tang

ray

le poisson-clown

clownfish

ARCTIC

l'ours blanc

le phoque

le béluga

seal

polar bear

beluga whale

L'ARCTIQUE

le pingouin

penguin

le morse

walrus

le narval

narwhal

DESERT

le serpent

snake

le lézard

lizard

l'autruche

ostrich

LE DÉSERT

le vautour

vulture

le chameau

camel

le kangourou

kangaroo

SAVANNA

la girafe

l'éléphant

elephant

giraffe

LA SAVANE

le lion

le guépard

l'hippopotame

lion

cheetah

hippo

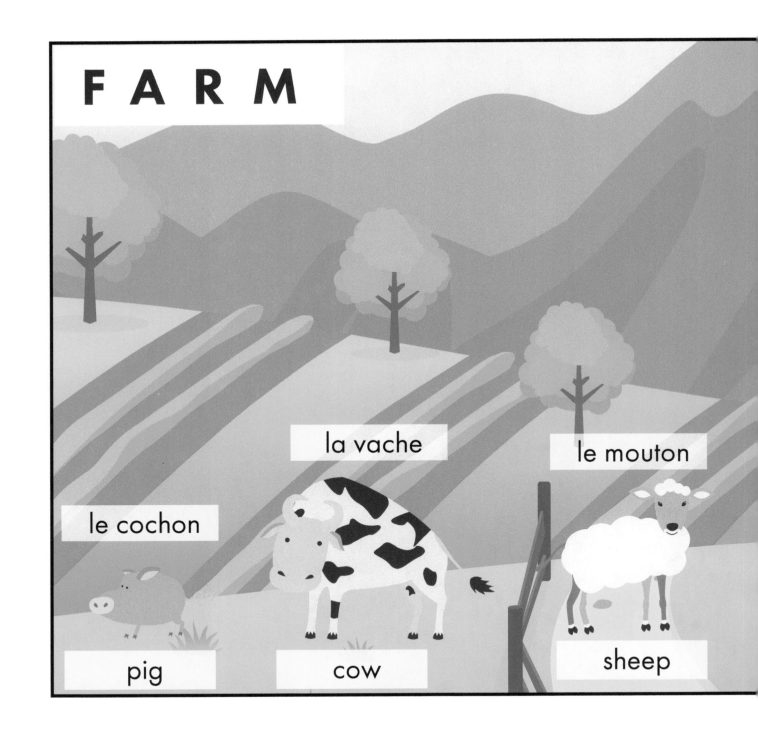

POND

la grue

la tortue

crane

turtle

L'ÉTANG

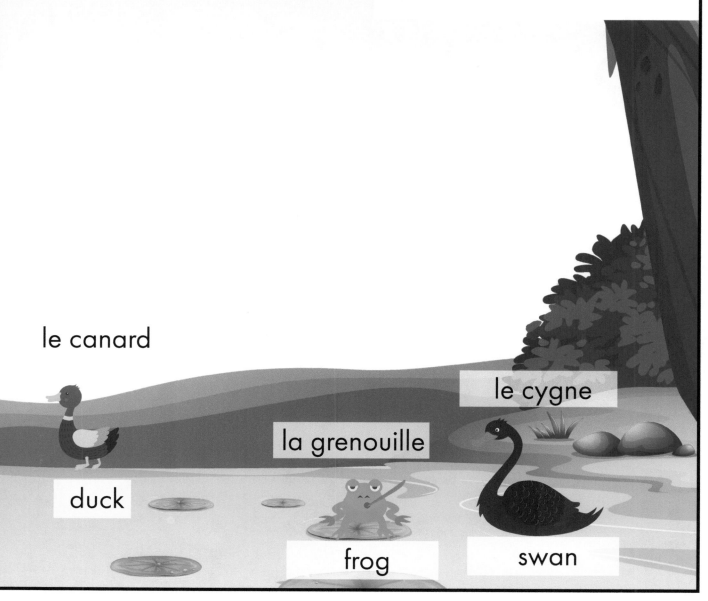

le canard

duck

la grenouille

frog

le cygne

swan

BEACH

le dauphin

dolphin

le crabe

crab

la mouette

seagull

LA PLAGE

le flamant rose

pelican

flamingo

le pélican

JUNGLE

le singe

monkey

le gorille

gorilla

LA FORÊT

bear

l'élan

l'ours

moose

AT HOME

le hérisson

hedgehog

le perroquet

parrot

À LA MAISON

le chien

le lapin

le chat

rabbit

cat

dog

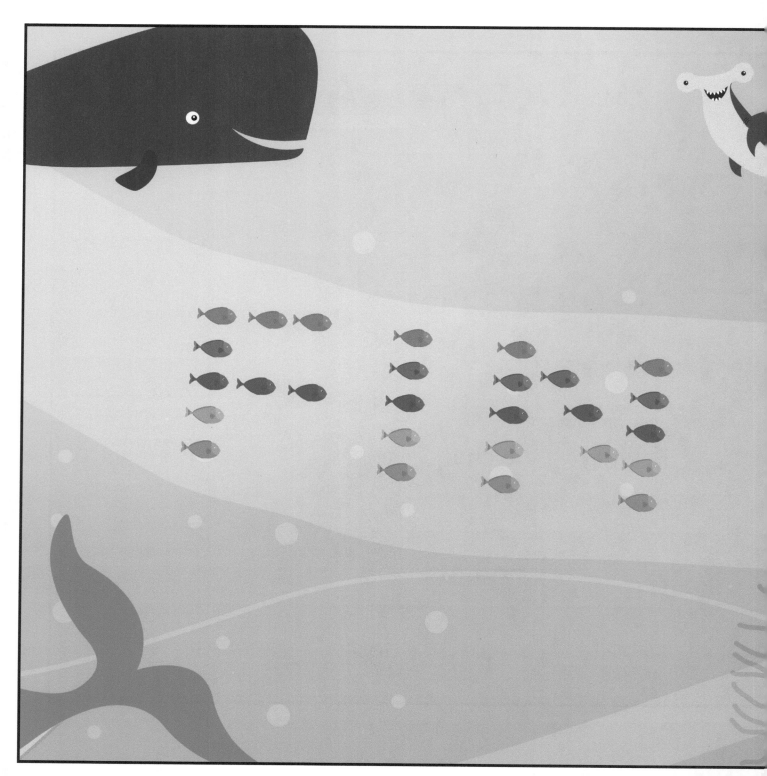

Printed in the USA
CPSIA information can be obtained
at www.ICGtesting.com
LVHW070615031023
759904LV00019B/915